RENSEIGNEMENTS

SUR L'ÉTAT DE

LA NEW-YORK-BOSTON-MONTREAL

RAILWAY COMPANY

TRANSMIS

Par M. ED. NŒTZLIN

1875

NOTES

SUR L'ÉTAT DE

LA NEW-YORK-BOSTON-MONTREAL-RAIL-ROAD C°

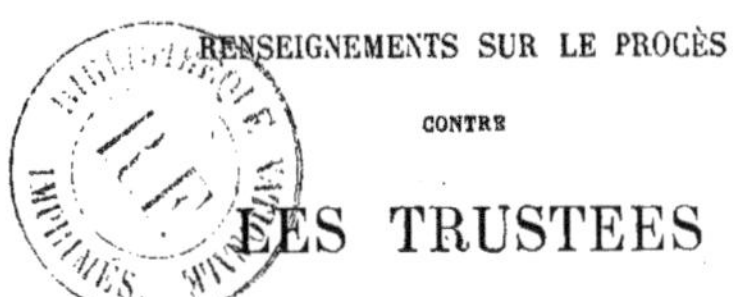

RENSEIGNEMENTS SUR LE PROCÈS

CONTRE

LES TRUSTEES

I.

Bien que je n'aie pas encore complétement terminé mon étude du Bill, j'ai déjà beaucoup causé avec Butler, et je vois que contrairement à l'avis de Cassel, Butler basera son action sur le prospectus et les documents qui l'ont accompagné pour guider les souscripteurs. Ce n'est qu'en second lieu et sur la réplique de nos adversaires que Butler se mettra sur le terrain du *Disbursement Trust* et du *Consolidation Agreement.* Vous vous rappelez que ceci se rapporte beaucoup au petit exposé que j'avais fait dans le temps pour le syndicat et que Cassel a combattu en s'en référant à Butler!

Comme raisonnement, j'ai trouvé que c'était absolument celui de Butler; cependant, pour plusieurs questions de détail, je m'étais trompé; au reste, votre étude du Bill a dû vous montrer tout cela.

Je vous ai averti que M. Butler Duncan est parti pour l'Europe mercredi; c'est un départ inattendu. Butler Duncan m'effraie dans tout cela; sa position est tellement mauvaise, surtout par suite de quelques détails flagrants, que je me demande comment un homme dans sa position a pu commettre de pareilles actions. Serait-il gêné dans ses affaires? Il y a longtemps qu'il perd de l'argent! et c'est 1,000,000 dollars qu'il faudra qu'il rende si nous réussissons. Maintenant, il est vrai qu'il a dit à Butler qu'il n'a jamais touché à cet argent et qu'il l'a toujours laissé en dépôt. Tant mieux pour lui. Mais, si c'est vrai, il montre sa mauvaise conscience lui-même.

Le crédit de Selignan est bien ébranlé aussi, on n'aime pas son papier ! Il ne reste que les Brown. Mais vous savez que George H. Brown, le président, est parti pour l'Europe avec 100,000 dollars ! D'ailleurs, notre action se dirige contre le Trustee J. Crosby Brown qui est encore partner de Brown, mais à la rigueur on l'excluera de la maison.

(Lettre du 29 mai1875, p. 9, 10 et 11.)

II.

Butler veut *commencer* l'action au nom des souscripteurs primitifs. Comme il donne la plus grande importance au prospectus et aux papiers qui l'ont accompagné, il est nécessaire d'agir ainsi. Or, Cassel avait laissé Butler sous l'impression que les changements qui ont eu lieu depuis la souscription étaient de très-peu d'importance et que les montants souscrits primitivement étaient presque restés les mêmes que ceux qui sont détenus actuellement. Sur ces renseignements nous avons envoyé à Butler les pouvoirs que Cassel nous avait indiqués, et depuis vous avez envoyé à Butler la liste des participants actuels, montrant que la Banque, par exemple, qui possédait 1,262,000 dollars, ne donne pouvoir que pour 400,000 dollars. Comme il est très-probable que par la suite nous devrons faire participer à l'action tous les membres du syndicat, et cela pour l'ensemble des montants détenus, il nous faudrait alors rendre compte de ces énormes écarts, ce qui serait très-fâcheux et doit être évité à tout prix. On peut bien motiver des écarts d'un dixième, mais s'il fallait rendre compte, dans notre cas, de 800,000 dollars, cela pourrait avoir des suites très-fâcheuses.

Butler n'est pas encore décidé sur la question de savoir s'il veut se servir tout simplement des montants actuels et dire que l'excédant de la souscription primitive a été acquis aux mêmes conditions. Le parti que nous prendrons dépendra des circonstances qui ont accompagné les changements dans le Syndicat.

Quant au Bill, je suis tout à fait d'accord avec Butler sur sa teneur générale, et je ne diffère avec lui que pour les passages qui ont trait à la position de Bischoffsheim. Comme tout le monde est d'avis que toute connection avec Bischoffsheim doit être évitée dans ce procès, je voudrais éviter toute remarque qui pourrait avoir l'air de protéger Bischoffsheim. Il y en a plusieurs de cette nature que vous aurez aussi remarquées, mais Butler me réplique que tôt ou tard il transpirera que nous étions en quelque sorte les associés de Bischoffsheim lors de l'émission, et que par conséquent, il vaut mieux dire tout de suite que Bischoffsheim a été trompé aussi. Il y a quelque chose de vrai là-dedans.

Il y a encore un point qui ne me satisfait pas. Nous n'attaquons que pour les 3,400,000 dollars que les Trustees ont effectivement reçus en argent, et pour les montants détenus par Bischoffsheim et Goldschmidt, nous ne demandons que leurs sécurités, — comme notre action n'est dirigée pour le moment que contre ceux-ci, c'est juste, et en réalité je ne demande pas mieux; mais cela ne nous donne-t-il pas de nouveau l'apparence de vouloir protéger Bischoffsheim et Goldschmidt? En fait, nous nous mettons essentiellement sur le terrain du prospectus; or, celui-ci ne parle pas de rembourser les avances précédentes!

Il est parfaitement vrai encore que ces avances ne devaient servir qu'à la construction et par conséquent au même but que l'argent obtenu au moyen du prospectus, mais j'en tire une autre conclusion dans notre intérêt; je dis : — puisque Bischoffsheim et Goldschmidt sont parfaitement à l'abri de toute attaque pour cette transaction, profitons en pour nous donner l'air de les attaquer, plutôt que de les protéger; nous pourrions parfaitement ignorer l'état réel de cette affaire et poursuivre pour le montant entier de la souscription ; il en serait différemment si Bischoffsheim n'était pas si fort sur ce point, dans ce cas au contraire nous devrions lui céder. —Butler me répond à cela par des objections techniques ; les Trustees ne sont responsables que pour l'argent reçu effectivement ; pour ce montant de 745,000 dollars, il faudrait attaquer la Compagnie elle-même qui en est responsable, or, celle-ci est en banqueroute comme vous savez — alors il faudrait attaquer les directeurs personnellement, et c'est ce que Butler ne veut pas faire pour le moment — nous avons encore besoin de quelques-uns d'entre eux.

Je doute fort que Butler cède sur ce point à moins que vous ne le vouliez absolument.

(Lettre du 2 juin 1875, p. 18, 19, 20, 21, 22, 23.)

III.

L'affaire New-York-Boston-Montreal doit être pressée autant que possible, et journellement il se présente de nouvelles difficultés pour arrêter définitivement la forme de notre *Complaint*. Je vous ai déjà dit que ce n'est qu'ici que Butler a appris que les différences entre les allotments primitifs et les « holdings » actuels sont si grandes qu'il est absolument nécessaire d'en parler et de démontrer que les changements qui ont eu lieu, surtout que les quantités qui ont été acquises depuis par la Banque et F. Grieninger, ont été acquises aux mêmes conditions (du moins pas au dessous du prix du prospectus) et dans le syndicat même qui a souscrit — nous devons considérer le syndicat actuel comme une prolongation du premier, et nous ne le mentionnons même pas. Cela nécessite ou la dissolution du syndicat, s'il est vrai qu'il y avait association absolue des différents intérêts, ou bien il faut que nous puissions établir qu'aucune *partnership* n'a eu lieu entre les participants, mais que ceux-ci ont simplement élu une agence commune pour la gestion de leur bien. Cette dernière supposition est l'idée que je me fais de notre syndicat, autrement on ne pourrait pas donner à chaque participant ses numéros; cependant comme la question est importante, je vous l'ai soumise par télégraphe.

Naturellement, comme tout le monde sait ici que Bischoffsheim et Goldschmidt font partie du syndicat, il faudrait immédiatement le dissoudre au cas où il y aurait une sorte de responsabilité réciproque.

Je vous ai indiqué dans quel sens sont les modifications que j'ai fait faire dans le Bill, toujours pour éviter, autant que possible, la question d'association avec Bischoffsheim et Goldschmidt.

Il y a encore un point important relativement à la somme de 132,000 dollars détenue par Bischoffsheim et Goldschmidt et dont le prospectus ne fait pas mention. Cependant comme ces fonds auraient dû être employés absolument de la façon prescrite par le prospectus et que les Trustees que nous poursuivons ne les ont pas reçus, nous pouvons nous contenter de *ne frapper d'opposition* pour le moment que les bonds qui ont servi de sécurité à cette transaction — quitte à y revenir plus tard, quand nous démontrerons dans le cours de l'action comment ces fonds ont été employés en réalité. — Butler m'affirme que nous pouvons faire cela quand nous voulons et que l'action actuelle ne portera aucun préjudice. Je me rends d'autant plus à ce raisonnement que ces fonds ne peuvent être poursuivis que chez les directeurs (responsables pour la Compagnie qui les a reçus), ou chez les personnes qui les ont reçus de la part de la Compagnie, et ces démarches seraient inopportunes pour le moment. D'ailleurs, ce serait toujours une action séparée à intenter.

(Lettre du 12 juin 1874, p. 41, 42, 43, 45, 46.)

IV.

J'ai communiqué à Butler votre dépêche du 13 juin dans laquelle vous demandez un changement complet du Bill; car nous ne pouvons pas rayer simplement du Bill les passages concernant Bischoffsheim et

Goldschmidt. Pour les exclure complétement, il faudrait un plan de campagne tout autre, et par conséquent, tout changer. Or pour cela le temps manque réellement, et il me semble douteux que le plan que nous pourrions prendre offre autant de chances de succès que celui qui a été adopté par Butler.

Il y a d'abord des preuves très-fortes dont nous ne pourrions pas nous servir. Je citerai comme exemple la lettre de Duncan à Bischoffsheim de juin 1862, qui enlève à Duncan toute base pour sa défense qui consiste à nier toute *connection* avec le projet de *Consolidation.*

Il y a ensuite l'affaire des livres sterling 132,000 détenues par Bischoffsheim et Goldschmidt, qui changerait complétement d'aspect.

Nous ne pourrions plus admettre, comme nous le savons effectivement, que dans cette transaction Bischoffsheim et Goldschmidt aient été dans leur droit. Étant absolument étrangers aux actes de Bischoffsheim, il faudrait, en nous appuyant sur le prospectus, réclamer le montant entier du produit de l'émission; mais à qui? Notre action est dirigée maintenant contre les Trustees, or nous ne pouvons pas réclamer à ceux-ci de l'argent qu'ils n'ont pas reçu. La personne qui, aux yeux des étrangers, doit d'abord rendre compte de cet argent, c'est Bischoffsheim, et il vous faudrait donc en même temps commencer un procès contre lui, ce qui ne peut pas être dans votre intention : et même si vous faisiez une démarche feinte de cette nature, cela aurait cet immense inconvénient de nous empêcher de frapper d'opposition en même temps, dans notre procès à New-York, les bonds qui sont entre les mains de Baltzer et Taaks, et ces bonds nous permettent seuls d'intervenir dans les procès qui sont entamés en vue d'obtenir la forclusion du New-York et Boston et du Dutchess et Columbia.

La possession de ces bonds, ou au moins leur remise entre les mains d'un receiver, est la chose la plus urgente pour nous, et il faut absolument que nous arrivions à ce résultat avant les vacances de la United States Court. Autrement les forclusions seraien déclarées d'ici à septembre ou octobre..

Je ne doute plus que Bischoffsheim et Goldschmidt n'aient été de bonne foi en faisant ces deux avances préliminaires qui devaient servir à la construction, et par conséquent au même but que le produit total de l'émission, conformément au prospectus. Si dans le cours de l'action nous démontrons comment cet argent a été employé, nous avons chance de pouvoir le rechercher chez les gens qui sont responsables de sa distribution : cela, Butler m'affirme de nouveau que nous pouvons toujours le faire, et que l'action actuelle ne nous portera aucun préjudice.

En outre, Bischoffsheim devra être un témoin important en notre faveur dans ce procès, et finalement, il ne serait pas prudent de supprimer tout passage justifiant Bischoffsheim et Goldschmidt, car nous ne pourrions jamais prouver que nous n'avons pas eu quelque relation avec eux dans cette affaire. M. Bischoffsheim, le père, était associé de la maison Bischoffsheim et Goldschmidt en même temps que notre Président, c'est-à-dire le premier officier de la Banque Franco-Égyptienne, et c'est par son entremise que la souscription s'est faite, ce qui est bien connu ici.

Pour nous conformer à votre désir nous avons autant que possible supprimé les passages où le nom de Bischoffsheim et Goldschmidt était prononcé, et là où nous n'avons pas pu faire de suppression complète, nous produisons les faits sous forme d'allégation seulement. Nous ne pouvions faire plus sans compromettre le succès du procès.

Il serait absolument inutile de comprendre dans le Bill les autres membres du syndicat, à moins qu'il n'y ait association entre eux, ce que je ne pense pas, et dans ce dernier cas, il faudrait y faire également figurer Bischoffsheim. L'action est entamée au nom de tous, et selon la loi profitera à tous, non-seulement à tous les membres du syndicat, mais encore à tout bondholder quel qu'il soit : ainsi si nous parvenons à recouvrer deux millions, ces deux millions n'appartiendront pas aux plaignants, ni au syndicat, ils se répartiront entre les cinq millions de bondholders, ce qui donnerait 40 0/0 par bond.

Ceci m'amène à parler de la répartition finale de ce que nous obtiendrons; naturellement il n'y a pas de difficulté en ce qui concerne les dollars 834,000 étrangers, la Cour prendra possession du prorata; mais comment dans le syndicat, partagerez-vous avec Bischoffsheim et Goldschmidt.

Qui a vos coupons ?

Les coupons seront-ils égaux au capital ?

Il serait peut-être bon de trouver une solution à cette question dès à présent.

En tout cas, vous ne devez pas oublier de restituer les coupons aux bonds pro formâ.

(Lettre du 16 juin 1875, p. 50, 51, 52, 53, 54.)

V.

Au reçu de votre dépêche du 16 juin, j'ai signé le Bill pour les onze participants qui m'ont donné pouvoir, et nous avons rédigé l'affidavit, que j'ai également signé et certifié sous serment.

En ce qui concerne le procès de forclusion du New-York et Boston, il n'est que temps pour nous d'entrer en ligne. Je crois même que nous aurons grand'peine à obtenir la nomination d'un receiver avant les vacances. Il n'y a plus qu'un seul juge qui siége et ce n'est pas celui devant qui Butler aurait voulu porter la cause, mais nous n'avons plus le choix.

J'ai causé avec Butler de la durée probable de notre affaire, et je n'ai rien de consolant à vous transmettre.

Butler m'a dit que si, d'ici à un an, nous avions fini de fournir *les évidences*, et que si nous arrivions à la discussion avant les vacances, ou même immédiatement après, il considérerait cela comme très-satisfaisant.

J'espère cependant que nous arriverons au but plus tôt, par voie de compromis. Cette solution me paraît plus favorable, surtout eu égard *aux divisions du Sud*. Mais nous avons une énorme difficulté à vaincre pour retirer du profit de ces lignes, c'est l'obtention de l'accès à New-York.

Il faut que nous trouvions une combinaison, ou que nous arrivions à une entente avec Vanderbilt, ce qui me semble impossible. Il ne donnera pas de bon gré accès à la concurrence sur ses lignes, et nous n'avons pas de moyens de l'y contraindre.

(Lettre du 19 juin 1875, p. 61, 62, 63.)

VI.

Vos objections au sujet du Bill New-York-Boston-Montreal se trouvent annulées par la correspondance télégraphique que nous avons échangée. Je vois d'ailleurs qu'il y avait un petit malentendu.

Lorsque je vous ai dit que, par suite des grands changements survenus dans le syndicat, il fallait attaquer au nom des détenteurs actuels, c'est-à-dire pour les montants détenus actuellement, il n'était pas question de laisser de côté la qualité de souscripteur. Au contraire, nous n'avons jamais voulu nous servir que des détenteurs qui ont été souscripteurs, mais si le montant de leurs bonds a été depuis considérablement modifié, il est nécessaire de montrer que les changements ont été faits dans la conviction que les allégations du prospectus étaient fondées.

Butler vous écrit au sujet des coupons du New-York-Boston-Montreal dont je vous ai déjà parlé, et je vous recommande encore cette question. La régularisation, de cette affaire peut amener quelques nouvelles conventions et si dans ce moment vous pouvez trouver une combinaison pour une dissolution apparente du syndicat, cela sera très-favorable au procès. Butler écrit la même lettre à Bischoffsheim et Goldschmidt.

(Lettre du 23 juin 1875, p. 75 et 76.)

VII.

Notre affaire est venue tard à la cour le 26 juin. Ce n'est que vers le soir que M. Choate a commencé à l'appuyer très-chaudement. Tous les partis mis en cause étaient représentés par leurs avocats, dont les plus eminents sont Mac Farland (Barlow) pour Duncan Sherman, Whiting, Burril et Lowery pour les Brown et Seligman, et Grosvenor P. Lowery pour la Compagnie. La seule opposition réelle a été faite par ce dernier, qui avait déposé un Bill pour combattre la nomination d'un Receiver, et qui n'a pas réussi.

L'autre Lowery a alors proposé sans plus de succès la nomination d'un des Trustees comme Receiver des bonds.

Le juge Blatchford s'est prononcé pour la nomination d'un Receiver, et a proposé comme Receivers Baltzer et Taaks, qui avaient été les gardiens de ces bonds. Aucune opposition n'a été faite à ce choix, et l'ordre doit être donné aujourd'hui.

Le résultat de cet incident est que ces bonds représentés par le Receiver interviendront dans les procès en forclusion du New-York et Boston, et du Dutchess et Columbia, ce qui est de la plus grande importance, surtout pour le New-York et Boston, dont les bondholders s'efforcent de faire décréter la forclusion le plus promptement possible. Naturellement vous ne devez pas penser que la propriété de ces 754 bonds vous est adjugée. Cela ne sera décidé que beaucoup plus tard; nous avons seulement obtenu que ces bonds sortent de leur inactivité et que le Receiver, sous la direction de la Cour, fasse valoir leurs droits au profit de celui qui, finalement, en sera reconnu propriétaire. Pour empêcher ce résultat, il est possible que nos adversaires attaquent leur validité et essaient de prouver qu'ils sont annulés par la Compagnie, mais, même dans le cas où ils réussiraient, ce qui est douteux, nous avons d'autres moyens de rendre la forclusion impossible.

Butler, en raison de conférences qu'il a eues avec tous les intéressés, croit qu'on ne fera de difficultés ni pour la validité de ces bonds, et de ceux qui sont aux mains des Trustees, ni pour leur remise aux Consolidated I Mortgage bonds, si nous voulons participer à un plan de réorganisation du New-York et Boston. C'est dans ce but que Hoyt et Mac Kinney ont toujours été favorables à Bischoffsheim et Goldschmidt et ont promis à Butler que la Compagnie New-York-Boston-Montréal ne ferait aucune opposition aux démarches citées plus haut. Cependant Lowery avec son Bill nous a fait de l'opposition, et nous nous demandons s'ils ont changé d'idée, et s'ils ne croient plus à la possibilité d'une entente avec nous.

(Lettre du 30 juin 1875, p. 85, 86, 87, 88.)

VIII.

A ce moment-ci de l'année, nous n'avons pas à attendre beaucoup de nouveau pour notre procès. Le moment est venu de préparer le terrain et de mûrir nos plans futurs. Nous entrons en vacances, et nos adversaires préparent leurs réponses, ce qui durera bien un mois.

Cet été, nous n'avons qu'une chose à faire : empêcher que le procès en forclusion du New-York et Boston ne tourne contre nous.

Nos Receivers Baltzer et Taaks seront admis comme *partie* dans ce procès, et Butler a adjoint à Da Costa, leur avocat, le frère de M. Choate, qui nous représentera. Hoyt et MacKinney pousseront beaucoup à la forclusion, ainsi que les bondholders plus ou moins indépendants qui sont derrière la Farmers' Loan et Trust C°; — les uns peut-être pour nous forcer à coopérer avec eux à la réorganisation du New-York et Boston, les autres pour acquérir le droit de propriété absolu sur le chemin.

Nous avons dans cette affaire une très-forte position : ou bien nos représentants réussiront à empêcher la forclusion, alors tout reste dans le *statu quo;* ou bien la forclusion est décrétée, et alors à un prix très-modéré, il pourrait nous convenir d'acheter nous-mêmes (d'autant plus qu'à la fin, la moitié presque de cet argent nous reviendra, quand notre droit sur les bonds de Baltzer et Taaks et les 400 à 500,000, aux mains des Trustees, sera établi); ou bien nous enchéririons jusqu'à la valeur réelle du chemin, qui, selon Hoyt, sera au moins de 1 million, et, dans ce cas, nous retirerons 40 0/0 de ces bonds, ce qui serait joli.

Le chemin a coûté près de 4 millions, à ce qu'on dit ; mais la plus grande partie de cet argent aurait été volée par les contractants, parmi lesquels sont Hoyt et MacKinney et on m'assure que ces messieurs seraient très-effrayés d'un procès que le New-York et Boston pourrait leur faire, si la gestion passait dans d'autres mains.

Tout cela est très-possible, mais je n'y crois pas, par la raison que tous ces gens-là sont ruinés, et qu'ils ne pourraient acheter le chemin à ce prix. Donc, en cas de forclusion, il faudra nous préparer à acheter nous-mêmes ; et je redoublerai de zèle pour savoir la valeur réelle de la ligne dans les différentes éventualités possibles.

Il faut aussi prévoir le cas où nos adversaires prétendraient que tous les New-York et Boston bonds chez Baltzer et Taaks et chez les Trustees sont éteints. Hoyt et MacKinney disent maintenant le contraire, mais ils peuvent changer d'idées, et quant aux Trustees, ils ne se sont pas encore prononcés.

Dans cette hypothèse, cela impliquerait une nouvelle responsabilité des Trustees, qui auraient fait ces avances et déboursé tout cet argent, sans aucune sécurité pour les Consolidated Mortgage bonds, tandis que, d'après le Trust Agreement, ils devaient s'assurer de la conversion entière, avant de débourser un centime.

Dans le Dutchess et Columbia, rien à craindre pour le moment. Butler a la parole de l'avocat qui conduit le procès de forclusion qu'il ne fera rien sans nous avertir. Les Brown craignent beaucoup pour leur nom, et je ne crois pas que leur défense soit bien acharnée : je pense, s'ils voient qu'ils ne peuvent pas réussir, qu'ils chercheront les premiers à s'entendre avec nous; et pour cette raison, ils ne voudront pas trop compliquer les choses.

J'ai aussi appris indirectement que l'avocat de Brown se serait prononcé défavorablement sur le compte de Duncan Sherman. L'intérêt de chacun est de faire payer l'autre, et il serait très-bon de jeter la discorde entre eux.

(Lettre du 3 juillet 1875, p. 91, 92, 93, 94, 95, 96.)

IX.

Rien de neuf au sujet du New-York-Boston-Montreal, si ce n'est un article publié par J. Lowery en réponse à une assertion erronée de *la Tribune*, qui avait cru que Baltzer et Taaks avaient été nommés

Receivers de tous les fonds et de tous les bonds qui sont entre les mains des Trustees.

Le même Lowery a écrit à Baltzer et Taaks pour leur notifier son « claim » sur les bonds qui sont entre leurs mains pour compte des Trustees. Cet incident est sans importance.

Chez Baltzer j'ai trouvé un peu de mauvaise humeur à l'égard de Butler, qui avait décidé très-arbitrairement, (ce qui du reste est son habitude) d'adjoindre William Choate à Da Costa, l'avocat de Baltzer et Taaks. L'acte de Butler m'avait surpris, et quand je ai sondé Baltzer j'ai trouvé la confirmation de ce que je pensais. Il m'a dit qu'il ne se mêlerait de rien et laisserait faire les avocats : Butler m'a dit que c'est dans ce but qu'il avait retenu M. Choate. Enfin ils s'arrangeront.

(Lettre du 8 juillet 1875, p. 103 et 104.)

X.

Je vous expédie aujourd'hui le rapport d'O'Brien, dont je vous ai parlé l'an dernier : je ne l'adopte pas dans toutes ses parties, loin de là. Mais je vous recommande tout ce qui traite du passé et de l'état actuel ; toutes les dates ayant été relevées avec grand soin. Quant à l'avenir qu'il développe, je ne partage pas ses vues ; toutes ses conclusions sont basées sur le développement qui est le résultat des dix dernières années, et moi je pense que les États-Unis souffriront encore plusieurs années de la présente inactivité qui prend sa source bien plus dans l'état défavorable de l'immigration, que dans les embarras financiers. En plus il ne faut pas perdre de vue que O'Brien est un ingénieur ambitieux, et qu'il ne serait pas fâché d'avoir la direction de ce chemin.

James P. Lowery est venu savoir de Butler s'il consentait à ce qu'on vendît des fers et un matériel que les Trustees ont entre les mains, et qui sont en train de se gâter, faute d'emploi. Il y en a pour 3 ou 400,000 dollars.

Butler ne fait pas d'opposition ; la perte est certaine, et serait subie par tout le monde, et la vente ne nous causera aucun préjudice.

Néanmoins la vraie manière de procéder serait de nommer un Receiver, qui se chargerait de l'opération. J'appuierai cette façon d'agir.

Cette démarche de Lowery, représentant les Trustees, implique, en quelque sorte, la reconnaissance de nos droits, et n'est pas d'un mauvais signe. Butler lui a demandé s'il comptait attaquer la validité des bonds des Trustees, et Lowery a répondu négativement. Tout cela dénote une assez bonne disposition de la part des Brown, que Lowery représente plus spécialement.

(Lettre du 10 juillet 1876, p. 107, 108, 109.)

XI.

Je n'ai presque rien à vous dire concernant le New-York-Boston-Montreal.

L'accord avec Baltzer et Taaks, ou plutôt avec Da Costa, leur avocat, est fait, et William Choate a été adjoint aux Receivers comme avocat.

Probablement Baltzer et Taaks seront faits «party» dans le procès de forclusion du New-York et Boston.

Butler me dit qu'il a écrit à Bischoffsheim et Goldschmidt de faire examiner leurs livres de souscription par Freshfield, afin de savoir s'il y a quelque chose de suspect, et j'ai prié Butler de vous communiquer directement toutes les lettres qu'il écrirait à Bischoffsheim et Goldschmidt.

(Lettre du 15 juillet 1875, p. 111.)

XII.

Le comité des bondholders du New-York and Boston, qui a entamé le procès en forclusion de cette Compagnie, nous fait une proposition importante et qui mérite votre attention.

Ces messieurs ont délégué hier auprès de Butler deux de leurs collègues, MM. Lewis May et Grosvenor P. Lowery, avocat de la Compagnie New-York-Boston-Montreal.

Selon ces messieurs, l'achèvement de la construction et l'équipement du chemin coûteraient moins de 1,000,000 de dollars, et quant à l'entrée dans New-York, ils croient pouvoir arriver à une entente avec Vanderbilt, pour avoir accès dans sa gare de la quarante-deuxième rue, qui est la seule de New-York; ou bien organiser le trajet au moyen de petits vapeurs abordant au bas de la ville. Ces steamers ne feraient, bien entendu, la route qu'en été, l'East River étant couvert de glace pendant l'hiver.

Le Comité représente les 1,265,000 dollars I Mortgage bonds qui ont commencé les « foreclosure proceedings, » et ces messieurs nous promettent leur concours pour nous faire remettre les 754,000 dollars qui sont aux mains de Baltzer et Taaks et les 356,000 aux mains des Trustees, contre lesquels ils ont fait une avance à la Compagnie New-York-Boston-Montreal dans le temps. Comme c'est toujours le même personnel dans ce Comité, chez les Trustees et à la Compagnie New-York-Boston-Montreal, je ne doute pas qu'il ne soit en leur pouvoir de décider du sort de ces 1,110,000 dollars Mortgage bonds, et que leur offre ne soit sincère. Le reste des 1 million 250,000 dollars I Mortgage bonds doit être entre les mains d' « outsiders. » Par cette transaction nous acquerrions plus des 2/5 de la propriété du New-York and Boston actuel, tandis qu'avec nos bonds New-York-Boston-Montreal, nous venons après le II Mortgage, c'est-à-dire en troisième ligne.

Par contre, ces messieurs demanderaient que nous fournissions notre prorata du million à procurer, et comme il y aurait, de leur côté, quelques bondholders qui ne pourraient pas avancer de l'argent, nous aurions probablement une bonne moitié à prendre.

Comme garantie de cet emprunt, on aurait un nouveau I Mortgage, c'est-à-dire qu'on ferait la forclusion pour le compte du I Mortgage actuel (dans lequel nous aurions les 1,100,000 dollars *en essuyant tout ce qui vient après*), et on réorganiserait la Compagnie en donnant au I Mortgage actuel du preferred stock, et en créant un nouveau I Mortgage pour garantir le million nécessaire.

J'ai immédiatement demandé à Butler si un pareil arrangement toucherait votre procès contre les Trustees et leur responsabilité, et il m'a répondu que cela n'aurait lieu en aucune façon, que les bonds ci-dessus ne seraient acceptés par nous qu'à un prix de. . . à déterminer, à compte sur notre réclamation contre les Trustees, et que la transaction serait faite de commun accord, de manière à ce que cela n'ait aucune influence sur notre procès au point de vue légal.

Ceci me semble porter la question sur un autre terrain. Nous persistons dans notre procès, seulement nous avons fait un pas en avant en recouvrant une partie de la propriété qui a englouti notre argent, il est vrai, au prix d'un nouveau sacrifice d'argent; et nous pouvons considérer ceci comme une affaire nouvelle et séparée.

Ce n'est plus alors une affaire d'avocat; c'est une entreprise de chemin de fer que je suis chargé de vous proposer.

Butler ne donne pas d'opinion, ce n'est pas de son ressort. En général pourtant, « *il considère tout cela comme une grande faillite qui ne vaut pas un radis, si on ne peut pas entrer à New-York.* »

Mon opinion est un peu plus favorable, surtout si on peut exécuter l'ensemble du projet des deux parties du Sud, établir des communications directes avec Boston et traverser l'Hudson à l'ouest.

Mais ce qui me laisse plus indécis que la question de l'avenir du chemin, c'est la question de savoir comment nous pourrons faire la transaction sans préjudice pour notre droit contre les Trustees, et si même ce résultat est possible? Butler tranche très-nettement cette question; j'ai besoin de l'étudier encore pour y voir très-clair.

Le rapport d'OB'rien vous aura mis à même de bien juger de la situation actuelle du chemin, et des dépenses à faire pour le terminer; je n'ai donc pour le moment rien à ajouter sur ce point,

Mais quant à l'entrée dans la ville, qui est certainement la question vitale de tout ce système, je crois qu'il nous sera plus facile de faire un arrangement avec l' « Elevated Road », qui désire étendre sa ligne vers Highbridge, ou avec un nouveau système de « Rapid Transit », qu'avec Vanderbilt.

S'il ne vous restait que l'alternative de monter une ligne de steamers, je n'aurais pas le courage de demander une nouvelle dépense de 500,000 dollars, bien qu'il soit très-désirable d'obtenir ces 1,110,000 dollars sans discussion.

Si nous refusons la proposition, il est plus que probable que la validité de ces bonds va être attaquée, et même, dans l'hypothèse la plus favorable, c'est-à-dire si leur existence était reconnue, et si les bonds nous étaient adjugés, ce résultat ne pourrait être obtenu avant un an au plus tôt!

(Lettre du 24 juillet 1875, p. 129, 130, 131, 132, 133, 134.)

XIII.

Je vous ai télégraphié la faillite de Duncan Sherman, qui a produit ici une grande consternation.

C'est le juge Shipman qui est nommé liquidateur, et c'est lui qui a donné les informations que je vous ai également transmises par dépêche, à savoir que le passif est d'environ 5,000,000 dollars, qu'on ne peut estimer l'actif, que 475 à 500,000 dollars des 807,000, avancés sur les Harlem Extension Mortgage bonds sont investis en bonnes sécurités, que 200,000 sont avancés sur Rolling Stock, et que 200,000 ont été dépensés ou répartis.

Je n'ai pas d'autres détails sur cette faillite, qui ne me surprend pas beaucoup, mais dont il est assez difficile d'énumérer les causes.

Baltzer a dit à Butler, qui ne sait rien de détaillé, qu'il se charge de tirer cette question au clair ; il est à souhaiter qu'il réussisse, car il est possible que Butler ait des mesures légales à prendre.

J'espère que Park, qui est fort riche, peut être rendu responsable autant que Duncan, et finalement il nous resterait la responsabilité des co-Trustees : mais je la mets fortement en doute.

Cette faillite est en somme très-fâcheuse pour nous.

J'ai eu avant-hier une longue entrevue, qui a duré plusieurs heures, avec Grosvenor P. Lowery, M. Stone, son associé, et M. Lewis May, président du Comité des bondholders, qui m'ont entretenu de la proposition que je vous ai déjà exposée.

La proposition ne m'est pas faite officiellement ; ces messieurs disent n'avoir aucun mandat, mais ne doutent pas que leur démarche ne soit approuvée par le Comité. Néanmoins, sur mes questions, il a été décidé que Lowery récapitulerait dans une lettre à Butler, toute la proposition. En attendant, voici les détails qu'ils m'ont donnés.

Les Seligman figurent, dans leur Comité, pour 160,000 dollars, I Mortgage bonds, May et King pour 150,000 dollars (cependant, May dit que c'est trop pour leurs moyens); W. Guion pour 50,000 florins; Garrison, un riche capitaliste, pour 50,000 florins, etc., etc.; en tout un peu plus de la moitié, et ils proposent la forclusion et la vente pour le I Mortgage. Cependant, comme ils sont tous propriétaires de II Mortgage, ils feraient participer celui-ci comme Common Stock dans la nouvelle affaire, le I Mortgage recevant du preferred stock.

La nouvelle Compagnie ferait alors son I Mortgage pour autant qu'il faudrait. Ils ne peuvent pas encore fixer une somme; ils pensent qu'il faudrait 1 million. Cependant, je crois qu'il faudra davantage, s'ils veulent équiper la route. O'Brien évalue le coût à 535,000 dollars, en employant le matériel dans les mains des Trustees (valeur nominale : 387,000 dollars), qu'il évalue, comme valeur réelle, à 260,000 dollars, soit 800,000 dollars, plus le Rolling-Stock, qui coûtera au moins 250,000 dollars. Ensuite, ils ne peuvent pas prétendre nous faire prendre ces bonds au pair ; ils ne savent pas si on pourrait faire un arrangement avec les Trustees pour le matériel ou non; ceux-ci ne voudraient peut-être pas s'en dessaisir à sa valeur réelle. Ils ne savent rien non plus au sujet de la possession des terrains à Highbridge : d'après ce que j'en sais, c'était acheté, payable par annuités; mais celles-ci n'ayant pas été payées, ce droit est peut-être forfait. Ils prétendent que c'était un lease, et que le même arrangement peut être fait, ce qui serait plus avantageux, parce qu'on ne pourrait pas fixer dès à présent le « terminus » à Highbridge. Si une extension à Motthaven était nécessaire, il faudrait faire cela au moyen d'un nouveau mortgage d'une Compagnie séparée (ce que Butler met en doute) : il considère que le nouveau I Mortgage devrait couvrir cela dans ce cas.

Pour être mieux à même de juger cette question importante, je vous envoie des cartes de New-York et du Wetschester County.

Il me paraît aussi douteux que nous puissions traverser la voie du New-York Central (Vanderbilt), quoique Lowery prétende qu'il y ait une loi autorisant ce passage. Lowery prétend aussi qu'un des leurs a un « charter » pour un pont, et il veut me faire comprendre que la Commission du Rapid Transit (dont Seligman est le président) décrétera la création d'une ligne remontant le Harlem jusqu'à Highbridge, et qui rejoindrait là notre système. C'est la vieille histoire d'il y a trois ans qu'on a racontée alors à Bischoffsheim.

Maintenant, quant à notre participation, ils nous offrent les 754 bonds qui sont aux mains de Baltzer and Taaks, qu'ils reconnaîtraient comme valides et comme notre propriété (ils n'ont pas parlé alors des bonds détenus par les Trustees), et ils nous demanderaient par contre, de fournir au moins la moitié du nouvel argent, la plupart de leurs bondholders n'étant pas à même de le faire. Leur ayant demandé ce qu'ils comptaient faire des 356,000 dollars qui sont aux mains des Trustees, ils m'ont alors répondu que comme l'argent du Trust fund y était entré pour 45 0/0, ils les reconnaîtraient jusqu'à concurrence de ce montant. Finalement ils m'ont prié de les aider à pousser à la vente, parce qu'il était urgent de préserver la propriété de la dégradation.

Vous connaissez maintenant toute la portée de la proposition. Tout dépend de l'avenir du chemin, qui dépend lui-même de la position de sa gare — voilà le résumé.

Il est nécessaire de donner à cette proposition une sérieuse attention; et non-seulement il faut envisager la base ci-dessus, mais encore considérer la base que Butler trouve praticable, c'est-à-dire celle des 1,100,000 dollars.

Ce dernier me charge de vous demander, *si, pourvu qu'on nous cède les 754 bonds, plus les 356 à un prix accepté par nous, sans que notre réclamation contre les Trustees soit le moins du monde affectée, vous êtes disposés à entrer dans une combinaison?*

D'une façon ou d'une autre, nous saurons nous rendre maîtres de la situation, c'est absolument nécessaire pour donner du nouvel argent, mais naturellement ce serait beaucoup plus facile sur la base proposée par Butler. Dans ce cas, il faudrait nous procurer la majorité du I Mortgage; par ce moyen nous aurions aussi la majorité du Preferred Stock, et le Common Stock devrait donner son droit de vote aux Trustees du I Mortgage jusqu'au moment où il gagnerait son dividende; ou quelque chose de semblable.

Cependant Butler tout en connaissant et faisant valoir l'avantage d'avoir ainsi sans contestation la moitié de la propriété du New-York and Boston, a personnellement une très-mauvaise idée de l'avenir de l'entreprise (tant qu'elle a, bien entendu, son « terminus » à Highbridge).

Mais cette question se pose naturellement : qu'arrivera-t-il si nous ne participons pas? Dans l'opinion de Butler, dans un temps donné, d'ici à un an ou deux ans, notre droit de propriété sur ces bonds sera reconnu, et en conséquence si la validité des bonds n'est pas renversée alors (ce qui est pourtant très-possible), nous participerons pour leur montant dans la vente de forclusion. Si nous en tirions alors 30 0/0, Butler trouverait le résultat meilleur que si nous terminions la route. Cependant pour obtenir 30 0/0 avec 1,110,000 dollars sur 2,500,000 dollars, il faudrait que la vente produisît 700,000 dollars et personne ne voudrait enchérir à ce prix. Certainement vous ne voudriez pas risquer d'acheter cette route à ce prix, dans sa situation actuelle, bien que plus de 2,000,000 dollars d'argent y aient été dépensés. Mais le plus grand danger, c'est toujours l'annulation de ces bonds, que ces bondholders réclameront énergiquement, si nous ne nous arrangeons pas avec eux; et il n'y a guère de preuve contre eux.

(Lettre du 29 juillet 1875, p. 136 à 144.)

XIV.

Je réponds maintenant à la lettre de M. May du 16 juillet.

Au sujet de la question des coupons New-York-Boston-Montreal touchant nos conventions avec les héritiers Bischoffsheim, j'ai vu la lettre que vous avez écrite à Butler, mais nous n'avons pas encore eu le loisir de discuter la chose ; et c'est un point que je désire vider avec lui dès qu'il sera de retour. J'ai parfaitement compris votre manière de voir dans cette affaire; et conviens avec vous que le

Syndicat actuel sera arrivé à son terme *longtemps* avant la solution de notre procédure New-York-Boston-Montreal.

Concernant l'avance New-York-Boston-Montreal, Butler m'a dit qu'il attend de Londres de nouvelles évidences pour commencer des extraits de comptes, etc., etc., de sorte que rien ne sera fait avant la rentrée de la Cour en octobre.

M. May me demande un mémoire détailllé sur notre cause en New-York-Boston-Montreal pour vous permettre de suivre plus facilement la marche de notre procédure. Je m'occuperai de ce travail aussitôt que possible, mais ce sera très-long, car il faudra que je consulte une énorme quantité de documents que j'ai entre les mains. Je pense que votre idée à ce sujet n'est pas que je fasse ressortir le mérite de notre cause, pour cela vous avez le Bill of Complaint ; je me bornerai à vous exposer la situation matérielle de cette grande affaire, à recueillir tous les chiffres qui sont à notre disposition, etc., etc. Je ne pourrai faire cela qu'après mon mariage, peut-être même devrai-je attendre la réponse de nos adversaires.

Il serait très-désirable que vous prissiez le plus vite possible une décision préalable au sujet de la proposition des bondholders du New-York et Boston, afin que nous puissions prendre les premières mesures dans cette direction, et prendre nos précautions pour éviter de grands retards devant la Cour. Il ne s'agira pas encore d'arrêter définitivement un plan détaillé de réorganisation, il ne s'agira peut-être même pas de la base sur laquelle vous aurez à y participer : tout cela se trouvera, car il me semble que ces gens-là ont besoin de nous pour sauver leur propriété. Mais je désirerais savoir au plus tôt, par télégraphe, si oui ou non vous avez idée de prendre part à ce projet; les conditions seront alors arrêtées plus tard à votre convenance.

(Lettre du 3 août 1875, p. 153 à 156.)

XV.

Je vous envoie une copie d'une lettre de Grosvenor P. Lowery à Butler. Elle confirme ce que je vous avais dit, cependant je vous répète que ma conviction est que si vous voulez coopérer, *nous* pourrons fixer les conditions et notamment changer l'admission des 356 bonds, jusqu'à concurrence de 45 0/0.

La copie de la lettre de Butler à Cassel au sujet du New-York-Boston-Montréal, n'est pas encore en mon pouvoir. Butler ne veut pas vous l'envoyer telle qu'elle est, mais veut en écrire une autre. Je vous ai, déjà, au reste, renseigné sur le contenu de cette lettre.

Au sujet de l'affaire Duncan Sherman, rien de neuf, si ce n'est qu'on affirme que le vieux Duncan veut protéger tous les crédits circulaires qui ont été payés en argent comptant, ce qui ferait environ 40,000 liv. st. — Tandis que ceux qui sont garantis par des dépôts de sécurités s'élèveraient à 140,000 liv. st.

Je pensais que le montant était plus considérable.

On m'affirme d'une source plus ou moins douteuse que les Brown seraient très-mal à l'aise en raison de leur responsabilité comme Trustees, et comme *Co-Trustees*, surtout depuis que Duncan et Sherman ont fait faillite. Leur confiance dans leur collègue Seligman ne serait pas énorme non plus. Pour cette raison, ils seraient disposés à entrer en négociations en vue d'un compromis général. Bien que je considère tout ceci comme un canard, je tiens à vous le rapporter.

(Lettre du 5 août 1875, p. 164 à 166.)

XVI.

Butler a enfin trouvé le loisir de vous écrire in-extenso par ce courrier au sujet de la proposition des bondholders du New-York et Boston. Comme il ne veut pas vous communiquer sa lettre à Casseb que je vous avais promise (parce qu'il a changé ses idées en quelques points), il vous écrira non-seulement en homme de loi sur l'influence qu'un pareil arrangement pourrait avoir ou ne pas avoir sur notre procès, mais il vous entretiendra aussi de son appréciation du côté pratique de l'entreprise, appréciation que je trouve justifiée en bien des points. Avec ceci je crois que vous avez tous les éléments possibles pour prendre une décision, et je voudrais seulement encore revenir sur un point que je n'ai peut-être pas suffisamment fait ressortir.

Votre décision basée sur les communications qui vous ont été transmises par Butler et par moi, ainsi que sur le rapport d'O'Brien, dépendra largement, je crois, de la probabilité de l'établissement d'une gare d'un accès facile.

Dans l'état actuel, vous savez que nos chances sont bien médiocres, puisqu'il est même douteux (selon la teneur de la loi à ce sujet), que nous puissions croiser le New-York Central, pour arriver au bord de l'eau. Cependant le mouvement actuel en vue d'obtenir ce qu'on appelle le *Rapid Transit* s'accentue chaque jour davantage. La Commission nommée par la *Municipalité* pour décider du plan le plus favorable aura à se prononcer d'ici à deux mois environ, et pour la mise à exécution, il n'y aura plus qu'une question, à savoir : se procurer de l'argent.

Cependant on croit généralement qu'on le trouvera sans difficulté. Seligman, qui est le président de ce Comité, et en est le membre le plus influent, fera tout son possible pour faire remonter cette route jusqu'en face du New-York et Boston, ce qui est, d'ailleurs, sa location naturelle.

Ceci fait, il ne manquerait au New-York et Boston qu'un pont pour avoir dans la ville le meilleur et le plus facile accès pour le transport des voyageurs. Rien ne s'oppose à l'érection d'un pareil pont; la rivière qui coule au-dessus de l'aqueduc de Highbridge est étroite et si peu profonde, qu'elle ne permet la navigation qu'aux plus petites embarcations. La *possibilité* seule d'établir une semblable communication ferait probablement de suite changer Vanderbilt d'attitude, car nous lui ferions une concurrence sérieuse, tandis que maintenant nous sommes dans une impuissance presque absolue, et il se moque de nous. Dans cette éventualité donc, il n'y aurait rien d'étonnant pour moi, si nous voyions Vanderbilt, ou bien nous offrir sa route pour aller dans sa gare (et nous mettre sur le même pied que lui) ou nous proposer de nous acheter ou de nous prendre à bail. Cette considération peut être examinée et peut peser sur votre décision.

Malgré tous les efforts de Baltzer, il n'a rien pu obtenir encore de positif de la part de Duncan, qui se renferme dans un silence absolu, toute la direction des affaires appartenant à Shipman. Toutefois Duncan lui a promis de *tout raconter* à ce dernier, de sorte que celui-ci sera mis à même de nous communiquer ce qu'il jugera prudent de dire. Baltzer a pu comprendre que 100,000 dollars étaient au crédit du Trust fund dans la masse, (!) et que 200,000 ou 300,000 autres étaient avancés en mortgage sur une propriété de Sellover en Broadway, mais nous ignorons si ce mortgage fait partie des 500,000 qu'on nous dit *« investis en bonnes sécurités »*. Cela me paraît probable.

Le crédit de Barlow est très-ébranlé, il ne serait pas impossible que son gouvernement fût renversé, et avec lui toute la clique de MacHenry et de l'Atlantic and Great Western. Cela n'aurait aucune influence sur l'Atlantic and Great Western réorganisé, mais cela pourrait mettre notre intérêt en jeu d'un autre côté pour le New-York-Boston-Montreal. Mon avis est toujours que la fin de cette affaire sera une transaction générale qui, sans aucun doute, donnera de la vie aux trois sections du Sud, c'est-à-dire au New-York et Boston, au Putnam et Dutchess et au Dutchess et Columbia. Or l'avenir de ce chemin dépendra largement des connections Ouest et Est pour devenir l'intermédiaire du commerce des états de la Nouvelle-Angleterre. Autrefois cette connection a été recherchée par le moyen de l'Érie qui est le seul chemin aboutissant à Newburg, et un changement d'administration rendrait l'exécution de ce projet très-douteuse.

Ceci m'amène à vous parler du New-York Westshore et Chicago dont vos amis ont un grand nombre de bonds. Je suis persuadé que la construction du chemin jusqu'à un certain point sur le bord ouest du Hudson ne serait pas bien coûteuse et alors ce chemin dans les mains de nos amis nous offrirait pour le New-York-Boston-Montreal la plus belle connection possible avec les mines de charbons de la Pensylvanie, dont nous transporterions les produits en Massachusetts et Connecticut. Actuellement le charbon est dirigé par le Lehigh Valley et le Delaware Lakawanna et Western sur

Jersey City et Elizabeth ; là il est chargé sur des bateaux qui le distribuent dans les divers ports de Nouvelle-Angleterre; dans ces ports on le recharge sur le chemin de fer et on l'expédie dans les villes manufacturières de l'intérieur.

Vous voyez le vice énorme de ce transport qui serait évité si le Westshore chargeait ses wagons à Jersey City et les menait en ligne droite en face du point de connection avec le Dutchess et Columbia où on transborde des trains entiers sur des « Steam-ferries ».

J'aurai à revenir sur ce point qui est très-important, je le répète, pour le New-York-Boston-Montreal.

(Lettre du 7 août 1875, p. 167, 170 et 172 à 175.)

Toutes les affaires ici sont dans un état complet de stagnation.

J'aurais beaucoup désiré connaître vos idées en général, au sujet de la proposition des bondholders du New-York et Boston, que je vous ai transmise; cela m'aurait été utile pour prendre ici quelques mesures préparatoires.

Baltzer a enfin obtenu du juge Shipman une réponse relativement aux fonds du New-York-Boston-Montreal, qui sont chez Duncan Sherman. Shipman refuse de donner aucune information et dit que Duncan conférera avec Park à ce sujet. Je trouve cette réponse *de très-mauvais augure* : si les fonds avaient été là en grande partie, comme on nous l'avait affirmé jusqu'ici, ni Shipman, ni Duncan ne se seraient compromis en nous en donnant note par écrit et en spécifiant les sécurités. On découvre tous les jours un nouveau pot aux roses dans cette liquidation; je vous envoie un article de journal très-intéressant ; si les affaires qu'on cite ont été faites de la façon qu'on indique (et malheureusement il n'y a pas lieu d'en douter), depuis des années la direction de cette maison est *frauduleuse*. Vous vous rappelez que, longtemps avant la faillite, je vous ai dit que l'état d'insolvabilité de ces messieurs pouvait seul expliquer leur conduite ; malheureusement je n'avais que trop raison, et à l'insolvabilité ils ont ajouté la fraude. J'ai bien peur que tous les fonds du New-York-Boston-Montreal ne soient perdus avec le reste; cependant j'entends dire que les 1,300,000 dollars Ohios bonds sont intacts, bien que n'étant pas amortis. Ils auraient été vérifiés par Smithers.

(Lettre du 12 août 1875.)

RENSEIGNEMENTS

SUR L'ÉTAT DE

LA NEW-YORK-BOSTON-MONTREAL

RAILWAY COMPANY

La Commission du « Rapid Transit », sous l'influence très-active de son président, J. Seligman, a choisi unanimement la route de la Troisième Avenue, en prolongeant le tracé jusqu'à Highbridge, en face des terrains autrefois destinés à la gare du New-York-Boston, de sorte qu'il n'y aurait pour s'y raccorder plus que deux obstacles à franchir : d'abord la voie du New-York Central de Vanderbilt, et ensuite la rivière qui ne représenterait à cet endroit aucune difficulté.

Le rapport de la Commission fut soumis avant-hier au Board of Aldermen pour la ratification ; après une discussion assez vive, la majorité l'a emporté, de sorte qu'on peut considérer la résolution comme définitive. Cependant cette résolution ne fut prise qu'à la condition que tout le parcours depuis la Battery jusqu'à Highbridge ne coûte que 3 cents, condition qui rend le succès de l'entreprise et même l'exécution du projet bien douteux.

Butler a essayé en vain de savoir ce qui en est de nos fonds chez Duncan Sherman. Il essayera maintenant de persuader à Shipman de nommer un receiver pour ces fonds, de concert avec nous. Duncan a essayé de faire accepter par ses créanciers un accommodement pour 33 0/0; il faudra que le père soit encore saigné pour que les affaires puissent s'arranger à ce taux.

(Lettre du 8 sept. 1875, pages 203, 4 et 5.)

En réponse à une dépêche de M. May, demandant des renseignements et l'avis de Butler sur la validité des 1,100,000 dollars New-York-Boston bonds, M. Nœtzlin dit que Butler étant absent pour le moment, télégraphiera son avis lui-même ; que l'opinion de ce dernier était autrefois que la validité des 754,000 dollars dans les mains de Baltzer ne pourrait pas être attaquée avec succès, quoique une pareille agression puisse causer un délai énorme ; quant aux 356,000 dollars se trouvant dans les mains des trustees, Butler hésitait, leur validité éventuelle dépendant un peu de la réponse que les trustees feraient encore à notre Bill.

(Lettre du 10 sept. 1875, pages 208, 9.)

La question de la validité des bonds New-York et Boston reste encore indécise, et la réponse de Butler ne la tranche pas du tout. Il est impossible de prévoir le jugement qui sera rendu à ce sujet. Pour le droit de possession, il pourra plutôt être établi en notre faveur.

M. May ayant demandé si la force morale de notre position n'était pas affaiblie en traitant avec une partie de nos adversaires, M. Nœtzlin, après en avoir discuté avec M. Butler, répond que ce dernier est d'avis que cela n'a aucune influence sur notre procès. Non-seulement nos droits peuvent être réservés, au point de vue strictement légal, mais notre moralité n'en sera nullement affectée, aux yeux du juge le plus sévère des États-Unis. Notre procès a pour but d'établir notre droit sur une certaine propriété ; cette propriété est en train de se perdre faute d'entretien. On peut toujours se sauver par une entente avec les adversaires à ce sujet, tout en maintenant que ceux-ci sont de malhonnêtes gens.

Butler raconte encore que Da Costa, counsel pour Baltzer et

Taaks, a demandé son consentement pour faire nommer un receiver au New-Nork et Boston, avec faculté d'émettre des certificats pour 10,000 dollars, pour mettre dix milles de chemin en opération et parer aux rigueurs de l'hiver. La pétition était en faveur de Hoyt comme receiver, et Butler y a consenti en notre nom. Mais il paraît que la Cour a nommé la Trust C° elle-même pour receiver, avec faculté de déléguer ce pouvoir à Hoyt, mais tout en le contrôlant pour le débours de ces 10,000 dollars, ce qui vaut mieux.

La mise en exploitation de 10 milles du chemin fera peut-être très-bon effet. Whiting, avocat des Browns, a vu Butler récemment et lui a demandé plus de délai pour la réponse. Il est, dit-on, allé en Europe consulter George Brown.

La position des Seligman dans le Comité est moins forte qu'on ne le suppose, et leur crédit paraît être ébranlé. L'intérêt de la majorité des bondholders est indépendant.

(Lettre du 23 sept., pages 213, 14, 15, 16.)

Revenant sur la position des Seligman dans le Comité New-York-Boston, M. Nœtzlin répète qu'on lui accorde trop d'importance. Ces messieurs, avec leurs 150,000 dollars I[st] Mortgage bonds, ne sont même pas les plus grands bondholders représentés dans le Comité. La grande majorité de ceux-ci est absolument indépendante, c'est-à-dire n'a pas d'intérêts dans la ligne consolidée du New-York-Boston-Montréal, et l'influence des Seligman sur cette majorité ne peut être importante que par deux moyens : d'abord en avançant de l'argent, ensuite en obtenant la communication directe avec la ville par le Rapid Transit.

La première alternative paraît impossible, vu la position de la place et spécialement de leur maison. Elle n'a jamais passé pour être « bien en fonds », et le nombre des affaires qu'ils ont entreprises doit les gêner, malgré le crédit et l'intelligence qu'on s'accorde à leur reconnaître. Aussi la rumeur publique s'occupet-elle d'eux à tout instant, et la plus grande précaution est-elle nécessaire sur la place de Paris, encombrée de leur papier.

L'affaire du Rapid Transit progresse avec une lenteur désespérante, comme toutes les affaires municipales. — Ce n'est donc pas non plus par ce moyen que l'influence des Seligman dans le Comité sera rendue prépondérante.

Les Seligman ont un grand intérêt moral à sortir le New-York-Boston d'embarras : d'abord comme trustees de l'entreprise consolidée, et ensuite parce qu'une bonne partie des bonds de Baltzer et Taaks (sur lesquels M. Bischoffsheim a fourni la première avance), ainsi que de ceux qui se trouvent dans les mains des trustees, donnés en nantissement par la Compagnie, proviennent plus que probablement de ce côté. Cependant, les documents pour établir toutes les responsabilités manquent encore; dès qu'ils se trouveront suffisants, un exposé de la situation sera fait. Il n'y a encore de bien prouvé que ce qui se trouve dans le « Bill of Complaint » et le rapport d'O'Brien.

(Lettre du 25 septembre 1875, pages 220, 221 et 222.)

Lundi devait avoir lieu la discussion au sujet de la validité des 1,100,000 dollars New-York-Boston I[st] Mortgage bonds à la Cour de Brooklin; mais le juge en fonctions ce jour-là étant un homme d'un esprit assez étroit, tous les partis sont convenus de remettre la cause entre les mains d'un « référé ». — Sur la proposition de Da Costa, représentant de Baltzer et Taaks, on a nommé à cet emploi un monsieur autrefois attaché à la maison d'Evarts S. et C.

Un « référé » est un personnage nommé et employé par la Cour, pour examiner certaines causes quand les juges eux-mêmes sont trop chargés de besogne; il a presque les pouvoirs du juge dans la procédure; mais la décision en dernier ressort est réservée au juge lui-même. C'est, en tous cas, un moyen d'arriver plus rapidement à un résultat.

Butler est toujours très-réservé et, soit mauvaise volonté, soit ignorance, ne donne pas d'informations. Il a décidé la question de la nomination du receiver au New-York-Boston sans consulter Nœtzlin. Cette question est pourtant fort importante.

D'après le rapport d'O'Brien, qui, en matières techniques, mérite toute confiance, il semble impossible de mettre 10 milles de ce chemin en opération avec un débours de 10,000 dollars. — Or, si cette section, qui contient précisément un de ces dangereux ponts de bois, est exploitée en condition imparfaite, on s'expose à un accident dont l'une des conséquences serait de ruiner complétement l'avenir du chemin. Sans doute, Hoyt, M[c]Kinney et consorts ont, autant que nous, intérêt à faire réussir l'entreprise; mais ils ont, en outre, un intérêt plus direct, celui de se débarrasser au plus vite de leurs terrains, situés sur notre ligne. La spéculation en « real estate » est bien bas, et l'ouverture de la voie ferrée ferait obtenir à ces messieurs de nouvelles avances. Aussi, pressés comme ils le sont, veulent-ils risquer le tout pour le tout, tandis que nous pouvons attendre.

Butler, tout en reconnaissant la justesse de ces observations, prétend qu'on ne peut s'opposer maintenant à ces messieurs, desquels on a besoin comme témoins dans le grand procès. O'Brien prétend, de son côté, que la mise en œuvre de 10 milles de chemin avec 10,000 dollars est impossible. Une excursion sur les lieux avec M. Butler tranchera la question.

Da Costa a fourni les pièces ayant trait à la pétition, et à l'ordre de la cour, pour la nomination d'un receiver. — D'après ces pièces, fort bien rédigées, la nomination de Hoyt vient, non de la Trust C°, mais de M[c]Kinney, qui est receiver de la ligne (non de la Compagnie). Les fonds sont à débourser par la Trust C°, contre certificats du receveir M[c]Kinney, visés par l'ingénieur Saint-John (créature de Hoyt et M[c]Kinney). En outre, le receiver aura à payer 3,500 dollars de taxes urgentes sur ces 10,000 dollars, de sorte que 6,500 dollars seulement resteront pour l'entretien de la route. — Le devis de Saint-John pour l'emploi de ces fonds sera examiné.

D'après M. Nœtzlin, l'ouverture d'une section du chemin, outre d'excellents résultats, aurait ceux de nous concilier Hoyt et

McKinney ; mais l'ouverture d'un crédit plus large est absolument nécessaire à cet effet.

D'après le *Herald*, un arrangement serait fait entre ces messieurs et Vanderbilt pour que leurs trains s'arrêtent à la gare de ce dernier 42me rue. Mais ni Da Costa ni Butler ne savent rien de ce fait qui reste à vérifier.

Le 2 octobre, terme fixé pour la réponse de nos adversaires, notre procès sera repris à la United States Court. Il doit débuter par une pétition tendant à la nomination d'un receiver pour la propriété dans les mains de Duncan et des trustees, dont M. Nœtzlin nous envoie un exemplaire imprimé.

La question du Rapid Transit rencontre une opposition légale de la part des compagnies de Tramways, et sa solution demandera encore beaucoup de temps.

(Lettre du 29 septembre, pages 228, 9, 30, 1, 2, 3, 4, 5.)

Au sujet du Westshore, on dit que des capitalistes de Boston veulent exécuter le tracé de la ligne entre Albany et Buffalo, pour faire cesser le monopole despotique de Vanderbilt. Cette nouvelle serait importante si elle se confirmait, à cause de la connexion par Boston du Dutchess and Columbia avec le New-York et New-England.

(Même lettre, page 237.)

Aujourd'hui, séance de la cour. Toutes les parties, sauf Whiting, qui est en Europe, étaient représentées; toutes prétendaient n'être pas prêtes. Malgré les protestations de M. Choate, le juge Blatchford accorda un nouveau délai, pour la reprise de notre motion tendant à la nomination d'un receiver; cette reprise n'aura lieu que le 30 courant, et les réponses à notre Bill ont obtenu encore un délai de 20 jours. D'après eux, Butler était tombé d'accord avec Whiting, pour que la question des Brown soit remise jusqu'à son retour. — Choate a résisté de son mieux mais sans succès.

Le but du voyage de Whiting et Schultze est de voir George Brown, et aussi, dit-on, d'entamer des négociations. Depuis la chute de Duncan Sherman et C°, et la décadence des Seligman, les Brown sont fort inquiets.

La question du Rapid Transit progresse malgré l'opposition qu'elle rencontre, surtout de la part des partisans d'une voie souterraine. La commission élabore un rapport en faveur du « Gilbert Elevated System », et une compagnie financière serait même formée, qui nommerait M. Nœtzlin son président. Tout cela n'est encore qu'à l'état de projet.

(Lettre du 2 octobre, page 238, 9, 40.)

M. Nœtzlin avait omis de dire que le juge, en déférant la motion pour le receiver, a commandé à Judge Shipman de délivrer un memorandum de tous les titres qu'il a en main du chef du Trust fund New-York-Boston-Montreal. Ce memorandum n'a pas encore paru. Ces titres ont été remis à Shipman personnellement par Duncan, comme trustee, et il en est responsable.

M. Nœtzlin raconte ensuite l'inspection de la ligne qu'il a faite avec M. O'Brien, en remontant à pied les 10 milles à mettre en œuvre.

Les Depot grounds (terrains destinés à la gare), ou la « Dock property » à Highbridge, dont le bail est forfait, sont situés entre le chemin New-York Central et la rivière. Notre ligne, au contraire, venant de l'intérieur, et n'ayant pas encore obtenu la concession du passage de la ligne Vanderbilt, vient aboutir en deçà de cette ligne, et se termine dans la boue. Elle n'a donc aucune communication avec les bateaux, et, à moins qu'un changement ne survienne avant l'ouverture officielle, les nouvelles des journaux, et la gare de la 42me rue sont de pures inventions.

La ligne, sur toute sa longueur, est dans une condition misérable. Sur les points élevés, les traverses se trouvent complétement en l'air, exposées à l'action du temps. — Dans les tranchées, elles sont inondées de sable et d'eau jusqu'au dessus des rails. Nulle part les interstices ne sont comblés avec du gravier ou « ballast », qui doit protéger le bois contre l'action corrosive de l'air, et donner de la solidité à leur assiette. Aussi une bonne partie de ces traverses est-elle déjà à moitié pourrie, et quoiqu'on ait un peu nettoyé la boue et le sable qui couvraient les rails, afin de permettre aux trains de circuler, l'eau reste partout. En quelques endroits, les clous qui assujétissent les rails ne sont qu'au nombre de deux, lorsqu'ils devraient être quatre. Les *trestles*, ou ponts de bois traversant les ravins, sont d'une construction tout à fait provisoire dans cette section de la ligne, où ces intervalles devaient être comblés avec de la terre. C'est pourtant sur ces « trestles », aux fondations légères, en sapin blanc, que les trains doivent passer!

La ligne, commencée dans la boue, s'arrête au milieu des bois; sur tout le parcours actuel, on ne rencontre pas dix maisons. Le trafic que l'on espère obtenir sur ce chemin, comme ligne d'intérêt local, ne se trouvera que plus loin.—Dans ces conditions, il devient évident pour tout le monde que le seul objet de l'ouverture de la ligne était d'amener un peu d'activité et de faire du bruit pour pouvoir vendre les terrains. Les habitants des environs, consultés par M. Nœtzlin, ont tous été de cet avis, et ont ajouté que ce tronçon de ligne ne pourrait jamais faire ses frais.

Butler surveillera la dépense des 6,500 dollars, afin qu'ils soint employés à l'amélioration de la route, et non aux operating expenses. — M. Nœtzlin ne s'interposera pas, si l'arrangement est conclu avec Vanderbilt, et que la route est réparée; mais il le fera, si on met la ligne en service sans ces deux conditions, cas auquel la détérioration des rails serait certaine, et un accident probable.

M. Nœtzlin regrette que la Banque ait rejeté la proposition des New-York-Boston bondholders; elle lui semble acceptable; O'Brien, à qui il l'avait communiquée, et même Butler partagent assez son opinion, surtout si la question du Rapid Transit est résolue favorablement, et M. Nœtzlin croit qu'elle le sera. — Aussi n'a-t-il pas encore notifié officiellement ce refus de la Banque.

Hoyt et M^c^Kinney sont allés trouver Butler hier pour lui demander la réponse; ils disaient être télégraphiquement informés de la probabilité du refus, et venaient, officieusement, faire une autre proposition : tous les fonds seraient reconnus ; nous ne prendrions pas part à la réorganisation, mais nous nous engagerions à les vendre pour 50 cents par dollar argent. — Ce projet, trop beau et trop honnête, ne mériterait pas confiance. Où trouveraient-ils le million nécessaire pour compléter l'entreprise et les 550,000 dollars pour nous racheter ? Peut-être ne font-ils cette proposition que pour nous faire accepter l'autre.

Cette proposition aurait aussi son mauvais côté, dans l'état actuel du procès. Si nous vendons ainsi la clef de tout ce système, il ne nous sera plus possible de faire un arrangement par voie de réorganisation des autres parties du New-York-Boston-Montréal. L'avenir du Dutchess-Columbia, par exemple, devient de plus en plus critique, par suite des délais que lui impose la procédure ; en attendant, le Rhinebeck Road, qui se rattache au Delaware et Hudson Canal, a été terminé, et enlève au D. et C. tout le trafic du charbon qui, passant autrefois par Newburgh, empruntait 50 milles de son chemin ; aussi les recettes du D. et C. sont-elles énormément tombées.

De l'autre côté, le Connecticut Western, dont nous aurions eu besoin pour transporter ce charbon dans la Nouvelle-Angleterre, a reçu tout ce trafic du Rhinebeck, et de cette société insignifiante, dont nous aurions pu nous emparer sans peine, est née une ligne assez forte, presque indépendante, et dans les affaires de laquelle le Delaware et Hudson a déjà pris un intérêt.

(Lettre du 7 octobre 1875, pages 242 à 249.)

Shipman a enfin envoyé à Butler le mémorandum sur les *sécurités* appartenant au Trust fund. Le voici :

Avance (supposée à Duncan), sur une propriété sise dans Broadway, grevée d'une première hypothèque de 100,000 dollars garantie par seconde hypothèque, et par une quantité de bons sans valeur, tels que Harlem Extension, Lebanon Springs, Bennington Car C°, soit . . . . dollars 234,000

Avance à Park, contre garantie douteuse	250,000
Cie Ct débiteur chez Duncan Sherman et Cie . . .	110,000
— —	52,000

Les créances de D. S. et Cie seraient contestées.

Il est évident que ce mémorandum ne signifie rien, et Butler a requis Shipman de lui donner des explications convenables. S'il les a reçues, il les communiquera directement à la Banque, devant lui écrire au sujet de la proposition de Hoyt et McKinney. D'après lui, ces deux messieurs trouvent absolument juste qu'on nous reconnaisse le droit de propriété de ces 1,100,000 dollars bonds. Si on pouvait obtenir ce résultat sans condition, le meilleur parti à prendre serait de pousser simplement la « foreclosure suit ». Le jour de la vente, nous pourrions, ou bien racheter tout le chemin pour une somme comparativement très-petite, puisque nous participons dans le produit de la vente pour francs 1,100,000 sur 2,500,000, ou, si le prix s'élève à un million ou au-dessus, prendre simplement notre part, ce qui nous donnerait au moins 40 cents par dollar.

Pour la proposition de Hoyt et McKinney, M. Nœtzlin y croit difficilement : où ces messieurs prennent-ils l'argent nécesaire ? Sans doute le Rapid Transit a maintenant d'excellentes chances, il ajoute journellement à la valeur du chemin : aussi les New-York-Boston Ist Mortgage bonds qui étaient à 25, il y a six mois, se trouveraient difficilement aujourd'hui à 50.

M. Butler, fidèle à son ancienne opinion, ne veut pas admettre que le projet puisse avoir de l'avenir. Il prétend que, ce chemin passant dans l'intérieur de la ville, les maisons adjacentes seraient en quelque sorte ouvertes aux yeux du public, ce qui est *scandaleux !* Cela existe déjà pour le New-York Elevated Road, et personne ne s'en plaint.

M. Nœtzlin, au contraire, dit que, devant la faveur publique, les difficultés légales disparaîtront, et que le projet, malgré tout, finira par aboutir. Tel est l'avis des gens compétents.

M. Nœtzlin a fait demander par Da Costa l'estimation de l'ingénieur Saint-John, sur les travaux à exécuter sur les dix milles du New-York and Boston à mettre en travail.

Duncan Sherman and C° ont retiré leur proposition d'arrangement à 33 1/3 0/0, disant qu'ils ne sont plus à même de l'accomplir.

M. Butler, à qui M. Nœtzlin a demandé quand il comptait commencer le procès pour le recouvrement de l'avance New-York-Boston-Montreal, a répondu que la mise en bonne forme du Bill sera fort difficile et qu'il est nécessaire, pour cet objet, d'attendre les réponses à notre Bill.

(Lettre du 9 octobre 1875, pages 260, 264.)

D'après la lettre de M. Hegewisch au sujet de la proposition Hoyt et M[c]Kinney, ses vues concordent avec celles de M. Nœtzlin. Mais il semble ne pas songer à ce que, en vendant notre part dans le New-York-Boston, nous nous dessaisissons de la clef de tout ce système; c'est pourtant un point qui mérite considération.

A défaut de l'estimation de Saint-John, qu'il n'a encore pu obtenir, M. Nœtzlin a pris connaissance du règlement pour la mise en service des 10 milles de chemin. Il est d'une rigueur exceptionnelle, comme s'il prévoyait de nombreux accidents. La ligne, du reste, est toujours telle quelle : aucun arrangement avec Vanderbilt : les trains s'arrêtent à Highbridge, et ne se relient pas à notre dock pour communiquer avec les vapeurs.

(Lettre du 13 octobre 1875, pages 266 et 267.)

Notre motion pour le receiver du Trust fund a de nouveau été remise au 10 courant et les réponses de tous ont été présentées. Cependant M. Nœtzlin n'aura de copies que dans quelques jours. C'est un pas en avant, et le travail sérieux pourra enfin commencer.

(Lettre du 2 novembre, page 333.)

Butler est en voyage ; mais son absence, regrettable pour la réponse à Hitchcock et nos affaires en général, n'a guère d'influence sur la marche du procès ; nos adversaires obtiennent continuellement des délais. Il faudrait qu'ils fissent enfin la réponse officielle et par écrit aux Bondholders du New-York-Boston, pour qu'on pût voir ce qu'il y a de sérieux dans la proposition Hoyt et Mac Kinney. M. Nœtzlin croit nécessaire d'intervenir dans les procédés de ces deux messieurs : ce qu'il avait prévu est arrivé : les ouvriers qui ont déblayé la voie il y a quelques semaines, afin que les premiers 10 milles puissent être mis en œuvre, n'ont pas été payés ; sur leur plainte, ils ont obtenu, d'après la nouvelle loi, une première hypothèque sur la route. Ce n'est pas grand'chose, il est vrai, mais c'est pourtant un fâcheux commencement. Cela s'est fait pendant l'absence de M. Nœtzlin et Butler l'ignore encore, lui qui n'avait pas voulu reconnaître que les objections de M. Nœtzlin contre la mise en œuvre de la route étaient fondées.

(Lettre du 6 novembre, page 347.)

La motion pour le receiver qui devait être discutée le 10 courant, a été remise au 9 décembre. Butler lui-même avait eu besoin d'un délai de 10 ou 15 jours pour examiner à fond les réponses, et sur la demande de la partie adverse, le juge Blatchford accorde jusqu'au 9 décembre. D'après le peu que M. Nœtzlin a vu des réponses jusqu'ici, les trustees, parlant de notre convention avec Bischoffsheim, prétendent que nous avons reçu des intérêts par eux.

MacKinney a été voir Butler, et il semble résulter de sa conversation qu'il veut se dégager de la dernière proposition que Hoyt et lui avaient faite, proposition qui avait toujours paru à M. Nœtzlin avoir pour seul but de faire accepter la première. MacKinney prétend qu'on a vendu des bonds à 25 cents.

(Lettre du 13 novembre, page 354.)

M. Nœtzlin vient de recevoir les réponses des parties adverses et en commence l'étude. Butler est toujours muet n'ayant pas ou disant ne pas avoir de nouvelles. O'Brien fait pour nous un petit travail sur la question de nos futures connexions avec New-England.

(Lettre du 20 novembre, page 381.)

Il ne faut pas donner à la proposition de Hoyt et MacKinney trop d'importance ; selon M. Nœtzlin, son unique objet était de nous faire accepter la première proposition des bondholders du New-York and Boston.

M. Nœtzlin parlera à Butler des objections légales de la Banque à cette proposition ; mais il le fera avec précautions, car Butler a déjà été très-blessé de ce que, d'après une de nos dernières lettres, MM. Bischoffsheim et Goldschmidt aient consulté M. Ouliffe. Il prétend que, mieux que qui que ce soit, il est à même de juger la situation légale à New-York et toutes ses conséquences ; il se croit par conséquent autorisé à demander une confiance absolue.

M. May commet une erreur en pensant que M. Nœtzlin confond les expressions de propriété et de validité, et en supposant que personne n'attaque notre droit de propriété sur les bonds en question.

Les bonds qui se trouvent entre les mains de Baltzer et Taaks proviennent d'une avance faite par Bischoffsheim et Goldschmidt avant la consolidation, c'est-à-dire avant l'émission des bonds consolidés, laquelle avance a dû être remboursée par le produit de l'émission. Ce produit devait sans doute appartenir aux trustees, et par conséquent les bonds donnés en gage et devenus libres par suite du remboursement devaient retourner dans leurs mains. Aussi MM. Bischoffsheim et Goldschmidt ont-ils donné l'ordre de les leur délivrer contre reçu ; mais alors les trustees prévoyaient déjà l'insuccès de l'entreprise, et comme le *Consolidation Agreement* et le *Trust-deed* leur prescrivent de ne prendre les anciens bonds qu'à 45, tandis que Bischoffsheim et Goldschmidt avaient avancé au taux de 80, ils eurent peur d'avoir à endosser la responsabilité du passé et laissèrent les bonds chez Baltzer et Taaks.

Plus tard les autres bondholders, indépendants de l'affaire de la consolidation, et n'étant reliés à elle que par le fait que Seligman est un des leurs, ont commencé le procès en forclusion contre la Compagnie du New-York et Boston. Ils prétendent naturellement que ces 754 bonds, ainsi que les 376 se trouvant entre les mains des trustees, par suite d'avances faites, sont annulés par la Compagnie du New-York et Boston, parce qu'alors leurs 1,260 bonds couvriront presque toute la propriété. Cependant il est clair que les trustees doivent s'opposer à cette prétention qui anéantit le gage entre leurs mains. Mais les trustees réclament le droit de propriété de ces bonds pour eux, comme actif du *Trust fund.* Et comme ce droit de propriété, ainsi contesté par nous, n'a pu être décidé en temps utile, la Cour a nommé Baltzer et Taaks receivers de ces bonds. Quelle raison, quel but la nomination d'un receiver aurait-elle eu, si ce n'est celui-là? Il est clair que, si le *Trust agreement* avait été rigoureusement exécuté, ces bonds seraient allés tout droit dans les mains des trustees, et auraient été annulés après la consommation du projet. Nous n'aurions donc jamais eu le moindre droit sur cette valeur.

En l'état actuel, nous avons une double chance à courir : la décision de la Cour en faveur des trustees comme propriétaires des bonds (naturellement cela serait toujours nous en dernier lieu, mais quand?) et la décision sur la validité des titres, contestée par les obligataires indépendants qui cherchent à forclore le chemin à leur profit. Le premier danger est moins grand, à moins qu'une forclusion puisse avoir lieu *avant* la décision sur le *droit de propriété;* quant au second danger, M. Nœtzlin voit que nous savons l'apprécier et il croit que nous pouvons nous risquer à le courir, ayant le plus de chances de notre côté.

Seulement, supposons le cas probable que la validité des bonds soit reconnue, dans le procès en forclusion, par la Cour de New-York à Brooklyn et que le décret de forclusion soit donné, mais que la United States District Court n'ait pas encore pris de décision sur la question de la propriété des bonds (chose qui est encore assez probable), Baltzer et Taaks auront alors le droit d'être représentés, comme receivers, à la vente de forclusion. En pareil cas, les pouvoirs du receiver se bornent à toucher le dividende lui revenant sur les bonds qu'il représente.

Que pourrons-nous faire contre cela? Rien! le chemin peut être vendu pour une bagatelle, puisque Baltzer et Taaks contrôlent aussi le second Mortgage et le Stock. Nous pourrions, il est vrai, acheter nous-mêmes à bas prix, mais il y a dans l'État de New-York une vieille loi qui autorise les stockholders, en tous cas, à racheter dans un certain délai et au même prix le chemin vendu par suite de la forclusion. Et comme ce sont Baltzer et Taaks qui ont le Stock, ils sauront user des moyens que leur donne cette loi!

Si nous laissons monter les enchères assez haut, par exemple, à 500 ou 600,000 dollars, prix que vaut au moins le chemin et auquel nos adversaires ne seraient pas en état de racheter, nous aurons l'inconvénient de devoir débourser toute cette somme qui, appelée à former non-seulement le dividende des bondholders mais encore celui des trustees sera déposée à la Cour jusqu'à la fin de notre procès en United States Court. Nous serons propriétaires du chemin tout entier, nous aurons à le terminer, de sorte qu'il nous coûtera alors de 1,500,000 à 1,600,000 dollars. Tandis qu'en adoptant la proposition des bondholders, c'est-à-dire en achetant une légère partie des premiers Mortgage bonds aux bas prix actuels (ce qui coûterait peut-être 50,000 dollars), nous aurions de suite une bonne moitié et le contrôle du chemin, qui une fois entièrement achevé, nous reviendrait à 550,000 ou 600,000 dollars.

(Lettre du 24 novembre, pages 382 à 388.)

M. Nœtzlin a eu une entrevue avec Butler pendant plusieurs heures, et le résultat des communications de M. May a été tel que M. Nœtzlin l'avait prévu. Butler s'est plaint amèrement du manque de confiance qu'on lui montrait et a dit à M. Nœtzlin qu'il avait fait de très-sévères reproches à Bischoffsheim au sujet de la consultation d'Ouliffe. M. Nœtzlin dit que Butler envisageait la proposition de

Hoyt et MacKinney absolument comme moi, surtout depuis que la réponse de la Compagnie New-York-Boston-Montreal à notre Bill était connue, et la trouvait très-significative, attendu qu'elle démontrait combien on pouvait se fier à la promesse et à l'amitié de ces deux individus. Mais comme cette proposition doit être complétement abandonnée, M. Nœtzlin et M. Butler sont forcément revenus à la première, vu les erreurs ou les malentendus qu'il y a eus dans l'appréciation de toute cette affaire; M. Nœtzlin croit que cette proposition des bondholders mérite indubitablement un nouvel examen de notre part. Car, ce chemin une fois complété, aura une certaine valeur, en ce qu'il forcerait Vanderbilt, par la concurrence, à le racheter ou à le prendre en bail. Or, on nous offre sans contestation aucune (ni pour la validité, ni pour la propriété), presque la moitié des bonds à l'aide desquels on pourrait forclore la propriété! Comme la construction de cette ligne est d'un intérêt général, autant pour les bondholders que pour les trustees et nous, il n'y a pas lieu d'être étonné que, pour obtenir cette construction, les bondholders et les trustees se soient entendus pour nous faire cette proposition, mais il ne faudrait pas en tirer la conclusion que ces deux groupes se soient entendus pour tout. Donc, en résumé, on offre de nous concéder, sans lutte aucune, les 754 New-York et boston first Mortgage bonds et 89 (ou 85?) Dutchess-Columbia Bonds qui sont entre les mains de Baltzer et Taaks; ces bonds seraient notre propriété. Bien entendu, ils n'ont rien à faire avec le Trust fund et n'auraient pour but que de nous dédommager des 136,000 livres sterling que MM. Bischoffsheim et Goldschmidt étaient en droit de retenir sur le produit de l'émission. De plus, on nous céderait les 376 bonds qui sont entre les mains des trustees et sur lesquels ils ont avancé de l'argent pris du Trust fund; ces derniers bonds ne seraient à prendre qu'à un prix modéré, et pour leur montant on affranchirait les trustees d'autant de responsabilité. Butler engage toute son autorité pour affirmer que cette transaction convenablement faite n'aurait aucune portée ni morale, ni matérielle sur les mérites ou l'issue de notre procès. Possesseurs de ces 1,130 bonds, en en achetant encore environ 150 qu'il serait certainement possible d'avoir pour

40 ou 50,000 dollars, nous couvririons plus de la moitié du chemin et obtiendrions le contrôle pour l'avenir, tandis que si nous laissions les choses en l'état actuel, nous courrions d'abord le risque de voir les bonds déclarés nuls par la New-York Court; ensuite, même si nous réussissions sur ce point, la forclusion s'opérerait probablement, sans que nous puissions l'empêcher, et nous, ou plutôt le receiver des bonds, ne participerait que dans le montant nominal pour lequel la forclusion aurait été faite. Il est plus que probable que le montant serait nominal, puisque les vendeurs, étant en même temps stockholders, peuvent racheter de qui que ce soit au prix de la vente. Qui voudrait payer un prix assez élevé pour leur ôter l'envie de racheter, le total des sommes qu'il faudrait débourser et qui sont indiquées plus haut étant connu? Les bonds de Baltzer et Taaks une fois annulés nous ne recevrions pas de compensation; celle-ci ne regarde que MM. Bischoffsheim et Goldschmidt qui sont inattaquables, croit M. Nœtzlin; quant aux autres bonds, nous aurions, il est vrai, encore garantie en la responsabilité des trustees, mais n'est-elle pas déjà assez grande sans cela? M. Butler se joint à M. Nœtzlin pour recommander cette affaire à une mûre réflexion, avant que la proposition ne soit définitivement abandonnée. M. Nœtzlin envoie une épreuve des réponses à notre Bill, réponses que ni lui ni Butler n'ont encore bien examinées. Il appelle notre attention sur deux choses principales : c'est qu'on a partout connaissance du traité avec les héritiers Bischoffsheim, et qu'il y a une certaine animosité entre Brown et Seligman d'une part, et Duncan et Sherman d'autre part, quoique les premiers reconnaissent le Duncan et Park Contract (chose assez naturelle puisque Duncan et Sherman sont insolvables et que la responsabilité pourrait retomber sur Brown et Seligman).

La plus grande difficulté nous sera créée par les conventions avec MM. Bischoffsheim et Goldschmidt, et il faudra probablement des affidavits très-habilement rédigés pour démontrer notre proposition indépendante. Il faudra à tout prix prouver que nous sommes des bondholders *bona fide qui ont souscrit aux bonds par suite des offres du prospectus et au prix indiqué par ce prospectus.*

(Lettre du 25 novembre, pages 388 à 393.)

En fouillant ses anciens papiers et ceux de Butler, M. Nœtzlin a trouvé chez ce dernier notre lettre du 31 mai, où il a vu clairement que nous avons payé le prix indiqué par le prospectus et que le syndicat a même payé deux points au-dessous ; mais il est une autre question qu'il n'a pu éclaircir, c'est celle de savoir jusqu'à quel degré nous avons eu connaissance de l'affaire New-York, Boston et Montréal. La lettre de Bischoffsheim, du 10 mars, mentionne une correspondance privée ; quel en est le contenu ? M. Nœtzlin ni Butler ne se rappellent l'avoir vue. De plus, M. Nœtzlin a trouvé dans de vieux papiers un extrait fait par M. May et une traduction littérale des parties essentielles du Consolidation Agreement ; de quelle époque ces pièces datent-elles ? Il semble à M. Nœtzlin difficile d'admettre qu'un syndicat ait garanti la souscription de 6,250,000 dollars émis, et ait lui-même souscrit à 4,166,000 dollars, sans autre connaissance de l'affaire qu'un prospectus et une note non signée de MacKinney ; M. Nœtzlin croit plutôt que quelques pièces officielles ou soi-disant officielles ont dû nous être communiquées ou montrées ; n'y a-t-il aucune correspondance privée à ce sujet ? ou, dans le cas contraire, y a-t-il des preuves ? C'est là le point cardinal de toute l'affaire. La réponse de nos adversaires nie que nous ayons été des souscripteurs *bona fide*. Il faut donc absolument prouver clairement le fait, si nous le pouvons, bien entendu, non-seulement par le prix payé, mais aussi par toutes les circonstances qui ont accompagné la souscription.

(Lettre du 27 novembre, pages 404 à 406.)

M. Nœtzlin enverra sitôt que possible les réponses des différents Browns. Le travail d'O'Brien n'est pas encore terminé ; il y a des pourparlers au sujet d'un pont sur l'Hudson à Poughkeepsie.

(Lettre du 2 décembre, page 428.)

M. Nœtzlin a envoyé la réponse de Georges H. Brown le 14 décembre. Aujourd'hui, celle de James Brown est arrivée ; c'est la dernière, et le courrier suivant nous en portera copie.

M. Nœtzlin demande si l'on n'a rien à lui communiquer au sujet de l'information et de la correspondance privée échangée avant la prise par le syndicat des 4,166 bonds. M. Nœtzlin désire avoir une réponse à ces lettres avant le 4 janvier, jour où il faudra prendre une décision pour le receiver ; les pièces de comptabilité du syndicat jusqu'au paiement intégral du prix des bonds seraient également les bienvenues, car les lettres envoyées à Butler le 31 mai ne mentionnent que les premiers versements et le prix total payé par le grand syndicat.

(Lettre du 16 décembre, page 466.)

L'affaire Duncan n'avance guère, il se forme des partis hostiles de tous les côtés, surtout contre les transactions en « Real Estate, » qui empêchent une entente. On voit de plus en plus qu'on a fait une grosse erreur en nommant Phipman liquidateur ; ce n'est pas contre sa personne qu'on élève des objections, mais contre sa qualité d'associé de Barlow, l'ancien avocat de la maison, qui ne jouit pas précisément de la faveur publique.

(Lettre du 23 décembre, page 17, 2me volume).

MM. Butler et Nœtzlin travaillent au procès, mais ne sont pas encore arrivés à une décision concernant les affidavits et le receiver. M. Nœtzlin recherche aussi activement des témoins, et regrette qu'un des hommes les plus utiles à notre cause soit sur le point de lui échapper : poussé par la misère, R. O'Brien va signer un engagement de surintendant d'un chemin en Iowa, dans le « far west. » Comme M. Nœtzlin ne peut lui offrir de compensation, il ne peut le retenir ; mais, et comme expert, et comme témoin, et comme relations, c'est une perte pour nous.

Il serait à désirer que M. Bischoffsheim le rétribuât comme il le mérite ; cela lui permettrait de rester à la disposition de M. Nœtzlin au cas où son engagement en Iowa n'aboutirait pas.

(Lettre du 30 décembre, page 30.)

IMPRIMERIE CENTRALE DES CHEMINS DE FER. — A. CHAIX ET Cie, RUE BERGÈRE, 20, A PARIS. — 507-6.